ALLES ÜBER WELPEN & HUNDE FÜR KINDER

VOLLER FAKTEN, FOTOS UND SPASS, UM WIRKLICH ALLES ÜBER WELPEN & HUNDE ZU LERNEN

NANU KAKADU

DIESES BUCH GEHÖRT

_____

INHALT

Willkommen in der wunderbaren Welt der Hunde!	1
Was sind Hunde?	7
Welche sind die heutzutage beliebtesten Hunderassen?	15
Tolle Fakten über Hunde	33
Was Hunde einzigartig macht	43
Was essen Hunde?	53
Der Lebenszyklus von Hunden	57
Einen Hund als Haustier halten	65
Wie du einen Hund ausbildest	77
Hunde werden immer die besten Freunde der Menschen sein	85
Vielen Dank fürs Lesen!	89
Quellen	93

WILLKOMMEN IN DER WUNDERBAREN WELT DER HUNDE!

Wusstest du, dass Experten davon ausgehen, dass es fast 900 MILLIONEN Welpen und ausgewachsene Hunde gibt, die aktuell auf unserer Erde umherspringen? Weniger als die Hälfte von ihnen leben jedoch als Haustiere mit den Menschen zusammen. Die Übrigen von ihnen bestreiten als 'streunende Hunde' ihr Leben.

Das beliebteste Haustier der Welt ist – logischerweise – auch das am meisten geliebte. Hunde sind wunderbare Tiere, die uns bereits seit *Tausenden von Jahren* Gesellschaft leisten, uns in vielerlei Hinsicht behilflich sind und teilweise auch für uns arbeiten. Es ist daher nicht verwunderlich, dass wir sie als 'des Menschen bester Freund' bezeichnen. Denn das sind sie in der Tat, *vor allem* von Kindern.

Da du dieses Buch in deinen Händen hältst, magst du Hunde vermutlich genauso sehr wie wir. Sie zählen ohne Zweifel mit zu den niedlichsten, lustigsten, schlausten und liebenswertesten Geschöpfe unseres Planeten, nicht wahr?!

Aber wenn wir einmal hinter ihre verspielte und süße Fassade blicken, werden wir schnell entdecken, dass die wunderbare Welt der Hunde auch überaus interessant ist. Hunde und Welpen mögen heutzutage unsere liebsten Spielgefährten sein und es mag den Anschein haben, dass wir bereits alles über sie wüssten. Doch sei dir gewiss, dass es noch so einiges über unsere vierbeinigen Freunde zu lernen gibt!

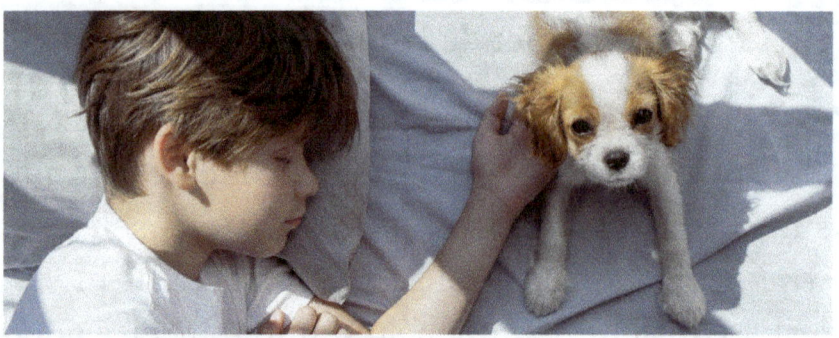

WARUM SIND HUNDE SO BESONDERS?

Im Laufe einer sehr langen Zeit haben sich Hunde von wilden Tieren zu domestizierten Schätzen entwickelt. Sie leben also nicht mehr nur in der Wildnis, sondern haben mittlerweile unsere Häuser und Sofas erobert. Domestiziert bedeutet also „gebändigt" oder „gezähmt" und gut (und hoffentlich glücklich) mit dem Menschen zusammenlebend. Der Hund war übrigens das erste Tier, welches domestiziert wurde.

Hunde leben in unserem Zuhause. Sie sitzen auf unserem Schoß, schlecken unsere Gesichter ab und wedeln mit dem Schwanz, wenn sie glücklich sind. Einige werden unglaublich übermütig, wenn wir mit ihnen spielen und viele sind sehr beschützerisch ihrem Zuhause und ihrer menschlichen Familie gegenüber. Wissenschaftler haben herausgefunden, dass Hunde unsere Gesellschaft genauso sehr genießen, wie wir ihre. Diese Beziehung zwischen Hund und Mensch ist wirklich einzigartig.

Aber es gibt so viel mehr über Hunde zu entdecken, als wedelnden Schwänze und schlabbrige

Küsse. Es stimmt schon, dass Hunde die wahrscheinlich am meisten domestizierten Tiere sind, aber vieles an ihnen ist bis heute ziemlich wild geblieben.

Zu verstehen, wie Hunde von wilden Tieren zu Stubenhockern wurden, wird deine Wertschätzung für sie noch steigern, das versprechen wir!

Bist du bereit, in die faszinierende Welt der Welpen und Hunde einzutauchen und alles über diese besonderen Geschöpfe zu erfahren?

DANN LOS!

HUNDE SIND MEINE LIEBLINGS- MENSCHEN!

WAS SIND HUNDE?

Hunde sind Tiere der Spezies der *Canis lupus familiaris* und sie gehören zur Familie der sogenannten Canidae. Zu dieser Familie gehören auch Wölfe, Schakale, Kojoten und Füchse.

Tatsächlich stammt der moderne 'Hund' von den wilden grauen Wölfen ab, die vor vielen Monden durch Europa und Asien streiften. Man ist sich heutzutage jedoch nicht ganz einig darüber, *wo* die ersten Wölfe gezähmt wurden.

Obwohl sie einst **Raubtiere** waren (*was heißt, dass sie hauptsächlich Fleischfresser waren*), sind Hunde mittlerweile **Allesfresser** geworden.

Diese Veränderung ihrer Ernährung passierte über tausende von Jahren, während sich wilde Hunde immer mehr daran gewöhnten, mit uns Menschen zusammenzuleben und irgendwann alles aßen, was bei uns auf dem Speiseplan stand.

Experten gehen davon aus, dass Hunde vor ungefähr 15.000-20.000 Jahren domestiziert wurden. Das ist wahnsinnig lange her, oder? Seitdem frühzeitliche Menschen damit begannen, frühere Hunderassen zu domestizieren, hat sich ein besonderes Band zwischen beiden Spezies entwickelt. Natürlich gibt es mittlerweile viele weitere Haustiere (wie zum Beispiel Katzen, Kaninchen oder Meerschweinchen), mit denen wir harmonisch zusammenleben, aber keines davon kommt an die tiefe Verbindung heran, die wir mit Hunden haben.

Es ist aber wichtig, dass wir immer daran denken, den persönlichen Freiraum der Vierbeiner zu respektieren. Selbst das niedlichste, verkuschelteste Hundchen möchte vielleicht nicht andauernd eine Umarmung oder eine Streicheleinheit. Wir selber würden es wahrscheinlich auch nicht mögen, wenn uns stets und ständig jemand knuddeln und über das Gesicht streichen wollen würde, nicht wahr? Das sollten wir also im Hinterkopf behalten.

Hunde mögen zwar der beste Freund des Menschen sein, aber sie sind noch immer Tiere mit all ihren Instinkten und sehr viel Kraft, die oftmals nicht vorhersehbar sind.

Und obwohl diese niedlichen Fellnasen schon eine Ewigkeit mit uns zusammenleben, ist nicht jedes Mitglied dieser Tierfamilie für Streicheleinheiten, Umarmungen und Küsse zu begeistern. Deshalb solltest du einen Hund, den du nicht kennst, niemals ohne die Erlaubnis des Besitzers streicheln. Selbst bei einem kleinen, süßen Chihuahua ist Vorsicht geboten. Sie mögen zwar *mini* sein, aber auch sie stecken voller Temperament!

WIE VIELE ARTEN VON HUNDEN GIBT ES?

Heutzutage gibt es über 400 verschiedene Hundearten auf unserem Planeten.

Kennst du einige davon? *Wir könnten wetten, dass du bestimmt mehrere Rassen kennst!*

Nun fragst du dich vielleicht, wie, um alles in der Welt, es so viele verschiedene Hundearten auf der Erde geben kann? Tatsächlich gibt es die meisten Rassen erst seit ungefähr 200 Jahren. Das hört sich natürlich nach einer sehr langen Zeit an, wenn man allerdings bedenkt, wie lange es Hunde bereits gibt, ist das doch noch nicht ganz so lange her.

Zuvor gab es lediglich *Hunde*. Aber dann bemerkten die Menschen, dass manche Hunde besonders gut bei bestimmten Aufgaben waren. Wie zum Beispiel dem Hüten einer Herde Schafe oder dem Schutz von Hühnern, sodass wilde Füchse sie nicht reißen konnten. Andere Hunde hingegen saßen besonders gerne auf dem Schoß der Menschen und konnten einfach nicht genug Kuscheleinheiten bekommen.

Wir Menschen begannen also, ähnliche Hunde mit ganz bestimmten *Eigenschaften* (so nennt man die Talente eines Hundes) zu züchten, damit diese Welpen bekommen würden, welche mit hoher Wahrscheinlichkeit ebenfalls über die gewünschten Eigenschaften verfügen würden. So entstanden zum Beispiel Hütehunde, Jagd- und Sporthunde, aber eben auch die Schoßhündchen.

In den letzten 50 Jahren haben wir viele verschiedene Züchtungen für verschiedene Zwecke erschaffen. Einige Hunderassen sind perfekt für Menschen mit Allergien geeignet (da sie statt eines Fells Haare haben), während andere besonders gut im Umgang mit Kindern sind und sich so fantastisch als Familienhaustiere machen. Wieder andere bewachen besonders gut

Haus und Hof oder eignen sich hervorragend als Spürhund.

So gibt es mittlerweile rund 400 verschiedene Arten von Hunden und damit ist sicherlich noch nicht Schluss!

WELCHE SIND DIE HEUTZUTAGE BELIEBTESTEN HUNDERASSEN?

Es gibt heutzutage rund 400 verschiedene Hunderassen weltweit. Die genaue Zahl schwankt dabei von Land zu Land, da jedes für sich verschiedene Rassen anerkennt. Im Folgenden möchten wir dir 10 der beliebtesten Hunderassen vorstellen.

Los geht's!

LABRADOR RETRIEVER

Der sehr intelligente, neugierige Labrador Retriever ist vor allem auch bei Familien eine der absolut beliebtesten Hunderassen. Und es ist nicht verwunderlich, warum: Labradore *lieben* Menschen und sind außerdem meist gutmütig gegenüber Katzen, Vögeln und anderen kleinen Haustieren. Sie haben einen natürlichen Instinkt dafür, ihren Besitzern gefallen zu wollen, um mit einem Lob belohnt zu werden.

Labradore sind richtige Wasserratten. Sie haben Schwimmhäute zwischen den Krallen und sind großartige Schwimmer. Einst wurden sie dafür gezüchtet, Fischern dabei zu helfen, ihre Netze einzuholen und Seile durchs Wasser zu ziehen.

Der Labrador trägt einen sogenannten Hundedoppelmantel, welcher aus einer Unterwolle und oberen Schutzhaaren besteht. Dieser schützt ihn vor Temperaturextremen und ist obendrein wasserdicht, weshalb der Labbi besser durchs Wasser gleiten kann als viele andere Rassen. Diese Eigenschaften machen ihn zum wohl weltbesten Wasserhund.

Es gibt den Labrador Retriever in den Farben Schwarz, Gelb und Braun und er wird im Durchschnitt 12 bis 13 Jahre alt.

GOLDEN RETRIEVER

Ebenfalls weltweit beliebt ist der Goldene Retriever, welcher fälschlicherweise oftmals für den Cousin des Labradors gehalten wird. Wie man sie auseinanderhalten kann? Anhand der Form ihrer Schnauze sowie ihres Felles! Goldene Retriever haben schmalere Schnauzen und in der Regel längeres Fell. Auch sie sind aufgrund ihres freundlichen, zuverlässigen und lieben Gemüts wunderbare Familienhunde. Die Rasse stammt aus Großbritannien, wo der erste Wurf Golden Retriever-Welpen 1868 geboren wurde. Diese mittelgroße Hunderasse wurde speziell zum „Apportieren" von erlegtem Wild gezüchtet.

Goldene Retriever gibt es in den Farben Hellgold, Gold, Dunkelgold und Creme und sie werden im Durchschnitt zwischen 10 und 12 Jahren alt.

DEUTSCHER SCHÄFERHUND

Überall bekannt als die Beschützer von *allem und jedem* sind die Deutschen Schäferhunde. Aufgrund ihres intelligenten, loyalen, beschützenden und mutigen Charakters eigenen sie sich hervorragend als Wachhunde und werden auf der ganzen Welt als Polizeihunde eingesetzt. Sie sind aktiv, muskulös und sportlich und können entschlossen vorgehen, wenn es sein muss. Der Deutsche Schäferhund wurde zuerst in – Trommelwirbel – *Deutschland* gezüchtet! Aber angesichts der Tatsache, dass diese Rasse überall gut zurechtkommt, wurden sie in alle Länder dieser Welt eingeführt. Der Deutsche Schäferhund ist einer der besten Spür- und Rettungshunde, den es gibt!

Es gibt ihn in den Farben Schwarz, Loh, Sable, Grau und Rot oder einer Mischung aus diesen. Durchschnittlich wird er zwischen 9 bis 13 Jahren alt.

BULLDOGGE

Wusstest du, dass Bulldoggen ursprünglich dafür gezüchtet wurden, um gegen Bullen zu kämpfen? Wahnsinn, oder?! Daher stammt auch der Name der klein bis mittelgroßen Rasse mit kräftiger Statur. Zum Glück liegt die Zeit der Stierkämpfe bei diesem Hündchen schon lange hinter ihm, sodass es sich heute meist auf ein gemütliches Leben als beliebtes Haustier freuen kann. Die Bulldogge hat im Laufe der Jahre jedoch nichts von ihrem Mut eingebüßt, was sie, in Verbindung mit ihrer unglaublichen Liebe und Hingabe zu ihrer Familie, zu einem hervorragenden Wachhund macht.

Bulldoggen gibt es in den Farben Weiß, Piebald, Rehfarbe, Gestromt, Rot oder einer Mischung aus diesen. Neben den Standardfarben gibt es allerdings auch noch weitere Sonderfarben wie zum Beispiel Schwarz, Blau und Creme. Im Durchschnitt werden sie zwischen 8 und 10 Jahren alt.

BEAGLE

Der Beagle ist ein sehr liebenswerter Hund, mit guten Manieren und einer Gesundheit, die ihn pflegeleicht macht. Ursprünglich wurde er für die Jagd zu Fuß als Spürhund gezüchtet, womit er ein Beispiel für einen Jagdhund ist. Beagle haben kurze Beine (damit sie gut auf dem Boden schnüffeln können), lange Schlappohren (welche dabei helfen, Gerüche vom Boden zu ihrer Nase zu leiten) und einen weißen Schwanz, den sie hochstrecken, wenn sie aufgeregt sind. Dieser funktioniert in etwa wie eine „weiße Flagge", sodass der Jäger in Feldern mit hohem Gras sehen kann, wo sich seine Kumpanen gerade befinden! Beagle sind sehr intelligent, haben einen erstaunlichen Geruchssinn und können sich gut konzentrieren. Auch heutzutage ist das Schnüffeln noch seine große Leidenschaft, weshalb Beagle oft als Spürhunde an Flughäfen oder bei der Polizei eingesetzt werden.

Ihr glattes, dichtes, kurzes Fell ist in der Regel schwarz, weiß und braun gemischt. Durchschnittlich werden sie 12 bis 15 Jahre alt.

FRANZÖSISCHE BULLDOGGE

Wie süß ist bitte die Französische Bulldogge?! Ja, einfach hinreißend! Und die Geschichte dieser niedlichen Vierbeiner ist äußerst interessant. Experten gehen davon aus, dass die Rasse ihren Ursprung in England hat, wo sie als Schoßhund für Frauen gezüchtet wurde, die Spitze (ein wunderschönes Stoffmuster) herstellten. Die Hunde würden auf den Schößen der Frauen sitzen, um sie warmzuhalten. Zunächst wurde Spitze hauptsächlich in England hergestellt. Als die Spitzenherstellung nach Frankreich verlagert wurde, nahmen die Spitzenarbeiterinnen ihre Schoßhündchen kurzerhand mit und kreuzten sie schließlich mit einheimischen französischen Hunden. Und so entstand die Französische Bulldogge! Die Französische Bulldogge ist eine Hunderasse, die in erster Linie als Begleithund gezüchtet wurde und sich daher perfekt als Familienhund eignet. Ihre Hauptaufgabe ist es, zu schmusen!

Die Farben der Französischen Bulldogge sind ganz ähnlich der Englischen Bulldogge. Im Vergleich zu dieser sind sie von der Statur her jedoch nicht ganz so "bullig". Französische Bulldoggen sind aufgeweckte, sehr umgängliche und verspielte kleine Fellnasen, die im Durchschnitt 10 bis 14 Jahre alt werden.

ROTTWEILER

Leider eilt dem Rottie teilweise noch immer ein Ruf als aggressiv oder bösartig voraus.

In Wirklichkeit handelt es sich bei dieser deutschen Hunderasse jedoch um einen kräftigen, großen Hund, der einst für harte Arbeit gezüchtet wurde. Rottweiler gehören zu den ältesten Hunderassen der Welt, und es wird angenommen, dass die alten Römer ihre Vorfahren aufgrund ihrer enormen Kraft und Ausdauer zum Hüten von Vieh auf ihren Reisen durch Europa einsetzten. In Deutschland wurden sie zum Ziehen von Fleischkarren für Metzger beauftragt, weshalb sie auch als „Metzgerhunde" bekannt sind. Starke Arbeitshunde wie der Rottweiler brauchen als Welpen eine gute Ausbildung. Wenn sie diese erhalten, sind sie wirklich wunderbare Weggefährten, die ihre Menschen über alles lieben und ihnen gegenüber äußerst loyal und anhänglich sind. Aufgrund ihrer meist gutmütigen, verspielten Art eigenen sie sich gut als Familienhunde.

Rotties treten in Schwarz, Lohfarbe und Mahagonifarben auf und werden 8 bis 10 Jahre alt.

SIBIRISCHER HUSKY

Wie der Name unschwer erkennen lässt, stammen die Vorfahren des Sibirischen Huskys aus dem im Winter unglaublich kalten Sibirien (einer abgelegenen Region Russlands). Heutzutage gilt er allerdings als amerikanische Hunderasse. Aufgrund seines dichten, langen, wärmenden Winterfells kommt er in kälteren Klimaregionen, wie zum Beispiel auch Alaska, prima zurecht. Er hat eine unverwechselbare Erscheinung und verkörpert Wildnis, Freiheit und Schnelligkeit. Da er aufgrund seiner Robustheit und Ausdauer seit jeher als Schlittenhund zum Einsatz kam, hat er auch heute noch einen angeborenen Drang zu rennen. Das Rennen ist also ein Instinkt, den er manchmal nicht kontrollieren kann.

Auch als Haustiere sind Huskies großartige Begleiter. Sie sind freundlich, gesellig und menschenbezogen, benötigen aber verständlicherweise enorm viel Auslauf.

Der Sibirische Husky zählt zu den mittelgroßen Hunderassen und kommt in den Farben Weiß, Schwarz, Loh, Grau, Silber und Rot beziehungsweise einer Mischung dieser Farben vor. Er wird im Durchschnitt 12 bis 15 Jahre alt.

BOXER

Boxer *oder auch Deutsche Boxer* können manchmal echt mürrisch aussehen, aber in Wirklichkeit sind sie die verspielteste Hunderasse, die es gibt. Sie sind sogar als „ewige Welpen" bekannt, weil sie scheinbar nie erwachsen werden und sich ihr ganzes Leben lang wie Welpen verhalten.

Ja, das bedeutet natürlich auch, dass sie ab und an ein bisschen anstrengend sein können! Der Boxer ist ein sehr energiegeladener Hund, der viel Bewegung braucht. Interessant ist, dass er im Gegensatz zu vielen anderen Rassen einer Gruppe von Menschen (zum Beispiel einer ganzen Familie) gegenüber sehr loyal ist und nicht nur einen Menschen als seine Bezugsperson auserwählt.

Boxer sind von Natur aus freundlich, intelligent und aufgeweckt und kommen sowohl mit Kindern als auch mit älteren Menschen gut zurecht. Ursprünglich als Kampfhund gezüchtet, ist der Boxer auch heute noch ein Schutzhund, der einen fantastischen Wachhund abgibt.

Boxer kommen in den Farben Weiß, Gestromt und Rehfarbe vor und werden 10 bis 12 Jahre alt.

DACKEL

Nachdem du bereits etwas über den Beagle gelernt hast, kannst du nun vielleicht schon erraten, wofür dieser lange Hund mit kurzen Beinen und Schlappohren gezüchtet wurde, hm? Ja, auch er ist ein Jagdhund! Nur, dass der Dackel (auch Dachshund genannt) die Aufgabe hatte, Dachse und andere Tiere zu jagen, die sich in unterirdischen Höhlen versteckten. Der Dackel ist sehr verspielt, klug, lebendig und tapfer, kann aber auch ganz schön stur sein. Aufgrund seiner Geschichte hat er die Angewohnheit, kleine Tiere zu jagen. Die Beliebtheit dieser wirklich niedlich und lustig aussehenden Vierbeiner hat in den letzten Jahren wieder stark zugenommen.

Es gibt ihn in den Farben Schwarz, Braun, Rot, Loh, Gefleckt und Gestromt. Er wird zwischen 12 und 16 Jahren alt.

Nicht zu vergessen seien an dieser Stelle die ebenfalls sehr beliebten Mischlingshunde. Mischlinge entstehen aus der Kreuzung verschiedener Rassen und sind mindestens genauso toll, wie Rasse-Hunde. Da es bei Mischlingshunden keine vorgeschriebenen Standards gibt, kommen sie in allen Formen und Farben vor. Aufgrund der Vielzahl verschiedener Rassen und Kombinationsmöglichkeiten dieser lässt sich auch ihr Charakter nicht festlegen.

Ein wesentlicher Vorteil den Mischlingshunde mit sich bringen, ist der ihrer Gesundheit. Und zwar haben sie gegenüber reinrassigen Hunden ein geringeres Risiko unter genetisch bedingten Erkrankungen zu leiden. Mischlingshunde sind gesundheitlich in der Regel also etwas robuster und weniger anfällig, als Hunde, deren Rassen gegebenenfalls "überzüchtet" wurden.

DAS WORT
"SITZPLATZ"
IST FÜR UNS HUNDE
GANZ SCHÖN
VERWIRREND!"

TOLLE FAKTEN ÜBER HUNDE

Da du nun ein wenig mehr über verschiedene Hunderassen und ihre Geschichte gelernt hast, ist es an der Zeit, noch etwas tiefer in die Welt dieser wirklich ganz besonderen Geschöpfe einzutauchen. Widmen wir uns also ein paar interessanten Fakten über unsere flauschigen Freunde.

IHR GERUCHSSINN IST ÜBERRAGEND

Manch ein Hundebesitzer sagt scherzhaft, dass sein Hund Futter auf einen Kilometer Entfernung riechen könne. Und wahrscheinlich kann er das sogar! Der Geruchssinn vieler Hunde ist etwa 100.000 Mal stärker als der unsere. Wie stark genau hängt dabei jedoch von der jeweiligen Rasse sowie der Länge der Nase des Hundes ab. Je länger die Nase, desto mehr Riechzellen besitzt sie und desto besser ist dementsprechend auch der Geruchssinn. Jagdhunde haben definitiv den ausgeprägtesten Geruchssinn. Deshalb werden sie heutzutage zum Beispiel an Flughäfen eingesetzt, um Substanzen wie Sprengstoff oder Drogen in Gepäckstücken zu erschnüffeln, um bei Polizeieinsätzen Spuren zu lesen oder verschüttete Menschen unter Trümmern oder Lawinen ausfindig zu machen.

DIE FEUCHTE NASE HILFT, BESSER ZU RIECHEN

Hast du dich jemals gefragt, warum die Nasen von Hunden immer nass sind? Nun, ihre Nasen produzieren eine gelartige Substanz, die Gerüche einfängt, sodass die Hunde mehr Zeit haben, herauszufinden, was sie gerade riechen!

Die Nase eines Hundes ist das Erste, was ein Tierarzt normalerweise untersucht, da eine trockene und warme Nase auf einen kranken Vierbeiner hindeuten kann. Bei Bedenken schadet es daher nicht, zu überprüfen, ob diese sich kalt und feucht anfühlt.

HUNDE KÖNNEN SCHMECKEN, WAS SIE RIECHEN

MOMENT MAL... ECHT JETZT? Das stimmt tatsächlich! Und zwar haben Hunde ein spezielles Organ – das Jacobsonsche Organ – welches am Gaumen ihres Mundes sitzt. Dank diesem können sie alles, was sie riechen, auch schmecken. Deshalb sabbern Hunde oftmals, wenn sie Futter riechen... denn sie schmecken es buchstäblich bereits in ihrem Mund!

DIE KLEINSTEN UND GRÖSSTEN UNTER IHNEN

Die größte Hunderasse der Welt ist die Deutsche Dogge. Die Weibchen werden 71 bis 81 Zentimeter groß und wiegen zwischen 45 und 59 Kilogramm. Die Männchen werden sogar 76 bis 86 Zentimeter und bringen stolze 54 bis 90 Kilogramm auf die Waage. An dieser Stelle ist es wichtig, zu erwähnen, dass die Größe von Hunden in der Regel vom Boden bis zur Schulter gemessen wird. Wir sprechen bei diesen Maßangaben also lediglich von der Schulterhöhe. Hals und Kopf der Hunde kommen dementsprechend noch obendrauf.

Die kleinsten unsere Freunde sind die ursprünglich aus Mexiko stammenden Chihuahuas. Sie werden 15 bis 23 Zentimeter groß und wiegen durchschnittlich zarte 1,5 bis 3 Kilogramm.

DER SCHNELLSTE KERL

Die schnellste Hunderasse ist der aus Großbritannien stammende Greyhound. Er zählt zu den Windhunden, welche ursprünglich dafür gezüchtet wurden, Wildtiere zu jagen und zu fangen. Der große, schlanke Greyhound kann bis zu 72 Kilometer pro Stunde laufen und ist damit, nach dem Geparden, das zweitschnellste Tier auf unserem Planeten.

ARBEITSTIERE

Seit die Hunde den Menschen begleiten, haben sie dem Menschen auch immer schon gedient und geholfen. Auch heutzutage haben viele Hunde richtige Jobs, welchen oft eine ausführliche Ausbildung vorangeht. Die Bereiche, in welchen die Fellnasen ihre zweibeinigen Freunde – uns Menschen – unterstützen, sind sowohl auf beruflicher als auch privater Ebene sehr vielfältig. So werden Hunde beispielsweise als Wachhunde, Blindenführhunde, Therapiehunde, Rettungshunde, Polizeihunde, Schauspielhunde, Drogenspürhunde, Sprengstoffspürhunde, Jagdhunde und Schlittenhunde eingesetzt. Aufgrund ihrer besonderen Eigenschaften und Fähigkeiten (wie ihres Geruchsinns) können die Fellnasen in ihren Jobs dabei regelrecht glänzen.

EINZIGARTIGE NASENABDRÜCKE

Ein weiterer sehr interessanter Fakt über Hunde ist der, dass ihre Nasen unseren Fingerabdrücken gleichen. Und zwar ist der Nasenabdruck eines jeden Hundes absolut einzigartig und mit keinem seiner Artgenossen identisch. Wahnsinn, oder?!

MUSKULÖSE OHREN

Hast du schon einmal bemerkt, dass ein Hund seine Ohren in fast jede Richtung drehen kann? Mit Hilfe von insgesamt 18 Ohrmuskeln ist es ihm möglich, seine Ohren auf ein bestimmtes Geräusch zu richten. Dieses Können hilft ihm, zwei Dinge herauszufinden: Erstens, woher das Geräusch kommt und zweitens, was es ist!

SCHWITZIGE PFOTEN

Hunde schwitzen hauptsächlich an den Pfoten. Das hört sich vielleicht etwas verrückt an, ist aber wahr! Denn die meisten ihrer Schweißdrüsen befinden sich an der Unterseite ihrer Füßchen. Obwohl sie durchs Hecheln auch ein wenig schwitzen und Hitze abgeben können, fließt der meiste Schweiß direkt aus ihren Pfotenballen!

WELPEN BRAUCHEN VIEL LIEBE UND FÜRSORGE

Neugeborene Welpen kommen mit verschlossenen Augen zur Welt, sodass sie nicht wirklich wissen, was um sie herum vor sich geht. Die Augenlider öffnen sich schließlich nach zwei Wochen. Mit 3 bis 5 Wochen beginnen die Welpen zu laufen und mit 6 Wochen kommen die ersten spitzen Zähnchen zum Vorschein. In dieser Phase öffnen sich auch die Ohren der Welpen und sie können endlich all die liebevollen Geräusche hören, die wir an sie richten! Erstaunlicherweise können Welpen bis zu 19 Stunden am

Tag schlafen. Daher ist es sehr wichtig, dass sie neben ganz viel Zuneigung (hauptsächlich durch ihre Mama) auch genügend Ruhe bekommen.

DER GEHEIMNISVOLLE HUND

Sie mögen uns schon seit vielen Jahren begleiten, aber wir lernen nie über Hunde aus! In den letzten Jahren hat man entdeckt, dass manche Hunde Krankheiten (wie zum Beispiel Diabetes oder Krebs) riechen können und dass sie in verschiedenen Farben sehen, obwohl wir dachten, sie sähen die Welt in Schwarz und Weiß. Außerdem haben Forscher herausgefunden, dass Hunde wirklich *sehr intelligent* sind, ungefähr so intelligent wie ein 2 bis 3 Jahre altes Kind.

"HUNDE HINTERLASSEN PFOTENABDRÜCKE AUF UNSEREN HERZEN!"

WAS HUNDE EINZIGARTIG MACHT

WELCHE EIGENSCHAFTEN HABEN HUNDE

Manchmal trifft es tatsächlich zu, dass Hunde wie ihre Besitzer aussehen! Das liegt allerdings wahrscheinlich eher daran, dass Hundebesitzern ein bestimmter *Look*, also ein bestimmtes Aussehen gefällt, welchem sie dann selbst nacheifern.

Hunde haben viele Merkmale des menschlichen Körpers, wie z.B. ein Herz, welches das Blut zu den Organen transportiert, eine Lunge, um Sauerstoff einzuatmen, und einen Magen, um all die gefressenen Leckereien zu verdauen. Aber sie haben auch besondere Merkmale, die sie von uns unterscheiden.

KÖRPERGRÖSSE

Unsere flauschigen Freunde gibt es in allen Farben, Formen und Größen.

Die kleinsten unter ihnen sind die Chihuahuas. Sie wiegen – wie wir bereits gelernt haben – 1,5 bis 3 Kilogramm und werden gerade einmal niedliche 20 Zentimeter groß.

Kleinere mittelgroße Hunde, zu welchen beispielsweise der Cocker Spaniel und der Shiba Inu zählen, wiegen zwischen 5 und 25 Kilogramm und werden 20 bis 40 Zentimeter groß.

Größere mittelgroße Hund wie der der Golden Retriever, der Border Collie oder der Pudel wiegen eher um die 30 bis 45 Kilogramm und messen zwischen 40 und 60 Zentimetern.

Die Größten unter ihnen (auch XXL-Hunde genannt) wie der Mastiff, der Bernhardiner oder auch unsere Deutsche Dogge können um die 90 Zentimeter groß werden und bis zu ganzen 90 Kilogramm auf die Waage bringen.

Der aktuell größte Hund der Welt ist George, eine Deutsche Dogge aus Amerika, die es mit fast 110 Zentimetern und 111 Kilogramm ins Guinness Buch der Rekorde geschafft hat.

STOFFWECHSEL

Weißt du, was ein „Stoffwechsel" ist? Das ist der Vorgang, bei dem unser Körper die von uns aufgenommene Nahrung in Energie umwandelt!

Der Stoffwechsel eines Hundes ist dabei um einiges schneller als der beim Menschen. Deshalb haben Hunde auch mehr Energie als die meisten von uns. Auf der anderen Seite altern sie dadurch jedoch auch rascher.

Hunde leben nicht so lange wie wir Menschen. Die ersten beiden Lebensjahre eines Hundes entsprechen 10 bis 12 Menschenjahren. Danach sind es 4 Menschenjahre pro Hundejahr. So wird ein Hund im Alter von etwa 18 Monaten also bereits zum „Teenager"!

TEMPERATUR

Hunde können die Wärme in ihrem Körper viel besser speichern als wir. Selbst Rassen, die nicht für kalte Klimazonen gezüchtet wurden, kommen sehr gut mit niedrigen Temperaturen zurecht. Problematisch wird es eher dann, wenn es zu heiß wird.

Da Hunde nicht wie wir schwitzen, können sie Probleme bekommen, wenn es zu heiß wird. Wenn ein Hund viel hecheln muss, um so Wärme abzugeben, atmet er kürzer, was die Arbeit für sein Herz erschwert. Deshalb sollten Hunde nach Möglichkeit stets Zugang zu (kühlem) Trinkwasser und einem schattigen Platz zum Ausruhen haben.

SEHVERMÖGEN

Hunde sehen besser als Menschen, vor allem bei Nacht. Ihre Augen haben reflektierende Schichten, die das Licht verstärken. Dadurch können sie auch in der Dunkelheit genauer sehen. Außerdem haben Hunde ein drittes Augenlid, welches ihre Augen vor Kratzern schützt. So können sie durch Büsche laufen, ohne sich groß die Augen zu verletzen!

GEHÖR

Hunde hören auch viel besser als Menschen und zwar im Durchschnitt sogar viermal so gut wie wir! Sie können Geräusche mit höheren Frequenzen wahrnehmen, die für das menschliche Ohr nicht hörbar sind (zum Beispiel den Ultraschallschrei einer Fledermaus). Außerdem ist es ihnen aufgrund ihrer Ohrmuskeln und Ohrknochen möglich, schnell zu erkennen, *woher* die Geräusche kommen. Bestimmte Geräusche (zum Beispiel laute Motorengeräusche oder laute Musik) können sie obendrein herausfiltern beziehungsweise ausblenden. Wahnsinn, oder? Im Allgemeinen gilt: Je größer und aufrechter die Ohren, desto besser ist auch das Gehör. Aber keine Sorge, Hunden mit Schlappohren wird trotzdem kein Geräusch entgehen.

Dank der besonderen Anatomie des Hundeohrs ist der Gehörsinn neben dem Geruchssinn der zweitwichtigste Sinn für die Fellnasen, weshalb sie für die Jagd prädestiniert – also quasi vorherbestimmt – sind.

Ihr empfindliches Gehör macht ihre Ohren allerdings auch anfällig für Infektionen. Deshalb ist es bei vielen Hunderassen wichtig, die Ohren regelmäßig zu reinigen, um Ohrenschmalz, Ablagerungen oder Schmutz zu entfernen!

GERUCHSSINN

Du hast bereits gelernt, dass Hunde einen fantastischen Geruchssinn haben. Schon ein Hauch von Fleischgeruch reicht aus, um sie in Sekundenschnelle in die Küche huschen zu lassen! Dieser ausgeprägte Geruchssinn ist einer der Hauptgründe, weshalb Hunde beispielsweise bei der Polizei als Spürhunde den Spuren von Vermissten oder Verbrechern nachgehen oder als Trümmerhunde verschüttete aufspüren. Sie sind einfach die perfekten Helfer für diesen Job!

GESCHMACKSSINN

Hunde neigen dazu, ihr Maul zu öffnen, wenn sie etwas riechen. Das hilft ihnen, festzustellen, ob dieses Etwas zum Fressen geeignet ist oder nicht. Trotz dieser praktischen Eigenschaft sind ihre Geschmacksknospen nicht so geschärft wie die des Menschen. Hunde sind vielleicht nicht in der Lage, ein Steak in all seinen Geschmacksrichtungen zu genießen, wie wir es tun. Aber sie finden es mindestens genauso himmlisch, wenn sie den Duft aus der Ferne wahrnehmen. Denn wie bereits erwähnt, schmecken sie ja auch das, was sie riechen.

PFÖTCHEN

Die Pfoten eines Hundes haben an der Unterseite kleine Polster, die sie schützen, wenn sie mit dem Boden in Kontakt kommen. Sie geben den Pfoten auf rutschigem Untergrund Halt und helfen ihnen dabei, lange Strecken zu laufen, ohne Blasen zu bekommen.

Ihre Krallen sind zum Graben da und geben ihnen beim Laufen Halt. Deshalb gehört zur Hundepflege auch unbedingt das Trimmen der

Krallen, damit diese nicht so leicht abbrechen oder sich gar kringeln.

HAUT UND FELL

Die Haut von Hunden ist viel empfindlicher als die von Menschen – deshalb sollte man sie auch nicht mit irgendeinem Shampoo waschen. Spezielle Hundeshampoos schützen ihre Haut! Das Fell eines Hundes zieht Öle aus seiner Haut, wodurch es glänzt und gewissermaßen wasserfest ist. Die meisten Hunde haaren das ganze Jahr über. Vor allem tun sie das jedoch im Frühjahr und Herbst, wenn sie ihr Sommer- beziehungsweise Winterfell bekommen. Das Fell eines Hundes soll ihn vor Kälte schützen, da dieses eine zusätzliche Isolierung bietet.

Für viele Arbeitshunde ist dieser Vorgang sogar so wichtig, dass einige Arten von ihnen überhaupt nicht gewaschen werden können, um diesen Prozess nicht zu beeinflussen.

ZÄHNE UND ZUNGE

Hundezähne sind zum Zerkleinern von Fleisch gemacht, ähnlich wie bei ihren Vorfahren, den Wölfen. Ein Welpe hat 28 Milchzähne, während ein ausgewachsener Hund 43 bleibende Zähne besitzt. Ihre Zähne haben unterschiedliche Aufgaben. Die vorderen Zähne sind zum Greifen und Zerreißen der Nahrung gedacht, während die hinteren dazu dienen, sie vor dem Schlucken in kleinere Stücke zu zermahlen.

Der sich im Maul des Hundes befindende Speichel sorgt dafür, das Futter aufzuweichen. Die Zunge hilft dabei, die Nahrung in den hinteren Teil des Rachens zu bringen, kleine Stücke aufzulecken und Wasser aufzunehmen.

WELCHEN KUCHEN ESSEN HUNDE AM LIEBSTEN?

Kalten Hund!

WAS ESSEN HUNDE?

Viele Hunde fressen Trockenfutter – diese kleinen braunen Teilchen – auch Pellets genannt. Pellets sind aus zerkleinerten Lebensmitteln wie Fleisch, Obst, Gemüse und Getreide hergestellt. Sie sind besonders nahrhaft für unsere Vierbeiner und das zerkauen der Pellets ist gut für ihre Zähne.

Genauso gesund ist allerdings auch das sogenannte Nassfutter. Dieses besteht ebenfalls aus Fleisch, Obst, Gemüse und Getreide. Es kann mitunter aber zu Blähungen und Durchfall führen. Gib deinem Liebling also am besten das Futter, welches ihm besser schmeckt und vor allem auch bekommt.

Da sich die verschiedenen Rassen unterschiedlich entwickelt haben, kann nicht jeder Hund das Gleiche fressen. Manche Hunde fressen neben ihrem Futter beispielsweise auch menschliche Nahrung, während andere das nicht so gut vertragen.

Wie beim Menschen kommt es auch hier auf den einzelnen Hund an. Im Allgemeinen fressen die meisten Hunde alles, was sie in die Krallen bekommen, obwohl längst nicht alles gesund für sie ist.

Hier sind einige unserer Lebensmittel, die wir ohne Bedenken mit unseren Fellfreunden teilen **KÖNNEN:**

- Brot
- Reis
- Mais
- Käse
- Eier
- Popcorn
- Joghurt
- Milch
- Erdnussbutter

Hier sind einige unserer Lebensmittel, die wir **NICHT** mit unseren treuen Begleitern teilen sollten, da sie diese sehr krank machen könnten:

- Schokolade
- Zimt
- Eis
- Zitronen
- Zwiebeln
- Knoblauch
- Salzige Lebensmittel
- Mandeln
- Macadamia-Nüsse

DER LEBENSZYKLUS VON HUNDEN

Welpen werden zu Teenagern und später zu ausgewachsenen Hunden. Wenn Hunde älter werden, können sie – wie wir Menschen auch – oft nicht mehr ganz so gut sehen oder hören und neigen dann dazu, langsamer zu werden, die Lust am Spielen zu verlieren oder anderen Tieren weniger hinterherzujagen.

Die Lebenserwartung von Hunden hängt stark von ihrer Rasse ab. Die Größe spielt dabei einen entscheidenden Faktor. So werden kleinere Hunde oft älter als größere Rassen. Doch gibt es natürlich Ausnahmen. Denn je überzüchteter eine Rasse ist, desto anfälliger ist sie oftmals auch für Krankheiten. So werden reinrassige Hunde im Durchschnitt nicht ganz so alt wie Mischlingshunde. Komplett verallgemeinern kann man das jedoch nicht.

WELPENALTER: 0 BIS 18 MONATE

Die Welpenphase beginnt mit dem Tag der Geburt und dauert bis zum Alter von 6 bis 18 Monaten. Welpen sollten viel Zeit mit ihrer Mutter und ihren Geschwistern verbringen, bis sie mindestens 8 Wochen alt sind. So ist sichergestellt, dass sie beschützt, gewärmt und regelmäßig genährt werden.

Um sicherzugehen, dass sie gesund aufwachsen, sollten alle Welpen in der 8. Woche einmal mit den gängigen Impfungen versehen werden. Diese ersten Impfungen werden normalerweise vom Züchter vorgenommen, bevor die Welpen in ihr neues Zuhause kommen. Ähnlich wie bei uns Menschen gibt es auch für Hunde einen vorgegebenen Impfplan – hier von der Ständigen Impfkommission Veterinärmedizin.

TEENAGER-STADIUM: 18 BIS 36 MONATE

Die Teenagerphase beginnt zwischen 6 und 18 Monaten und dauert bei kleinen Hunden bis zu 24 Monaten und bei großen Hunden in der Regel bis zu 36 Monaten. Dies ist die Phase, in der ein Hund körperliche Veränderungen durchlebt, die ihn launisch machen können – genau wie menschliche Teenager eben auch!

Hunde im Teenageralter hören vielleicht nicht mehr so gut auf Kommandos und können total am Rad drehen und sich schwierig verhalten. Sie können auch aktiver werden und beginnen, alles um sich herum mehr als sonst zu erkunden.

Die Teenagerphase eines Hundes ist die perfekte Zeit, um ihm zu helfen, ein gutes Verhalten zu entwickeln. Deshalb ist ein gutes Training (spätestens) in dieser Phase sehr wichtig.

ERWACHSENEN-STADIUM: 2 BIS 3 JAHRE UND DARÜBER HINAUS

Das Erwachsenenalter beginnt mit 2 Jahren für kleine Hunde und mit 3 Jahren für große Hunde.

In dieser Zeit werden die Hunde (in der Regel) umgänglicher und legen ein gutes Verhalten an den Tag, das sie während der Ausbildung entwickelt haben sollten.

Erwachsene Hunde lieben Spaziergänge, tägliches Spielen und Aktivitäten, die sie etwas lernen lassen. Denkt daran, dass Hunde viel Bewegung brauchen. Wenn du einen Hund hast, vergiss nicht, mit ihm spazieren, wandern oder im Park spielen zu gehen, damit er stark, ausgeglichen und gesund bleibt.

SENIOREN-STADIUM: 7 BIS 10 JAHRE UND DARÜBER HINAUS

Die Seniorenphase beginnt im Alter von 7 bis 10 Jahren. Die Schnauze beginnt sich (spätestens jetzt) grau zu färben, zuvor ausgedehnte Spaziergänge werden etwas kürzer und langsamer und das üblicherweise energiegeladene Spiel wird ruhiger. Seniorige Hunde neigen dazu, mehr zu schlafen und gehen das Leben einfach etwas gemächlicher an. Dies ist der Zeitpunkt, an dem sie den Tierarzt für Routineuntersuchungen etwas häufiger sehen sollten als zuvor.

Das ist zwar längst nicht die Regel, doch einige Hunde erlangen ein stolzes Alter von über 20 Jahren. Der älteste Hund der Welt brachte es sogar auf ganze 29 Jahre! Wahnsinn, oder?!

Wie alt unsere Lieblinge werden hängt zum Teil von der Natur (und damit auch ihrer Rasse und

Genetik) ab und zum Teil davon, wie gut wir uns um sie kümmern.

Dazu zählt beispielsweise das Futter, welches wir ihnen geben, die Menge an Bewegung, die wir ihnen verschaffen und die Liebe und Fürsorge, die wir ihnen schenken.

Ein 3 Monate alter und ein 12 Jahre alter Goldener Retriever.

HIGH FIVE!

EINEN HUND ALS HAUSTIER HALTEN

Wenn du ein großer Hundefreund bist, hast du wahrscheinlich längst versucht, deine Familie zu überreden, sich einen Hund anzuschaffen, nicht wahr? Natürlich, dein Hund würde einen wunderbaren Freund abgeben! Einen Hund zu besitzen bedeutet jedoch auch eine Menge Arbeit und Verantwortung. Falls es dazu kommt, solltest du dir unbedingt einen Hund anschaffen, dessen *Eigenschaften* zu deinem Leben und zu deiner Energie passen und nicht nur danach entscheiden, wie süß der Hund aussieht.

Um dir und deiner Familie dabei zu helfen, die richtige Entscheidung zu treffen, sehen wir uns das Ganze einmal genauer an...

MÖCHTE ICH EINEN KLEINEN ODER LIEBER EINEN GROSSEN HUND HABEN?

Kleinere und mittelgroße Hunde sind natürlich toll für Kinder. Sie können von Kindern gut an der Leine geführt und gegebenenfalls auch mal auf den Arm genommen werden. Sie brauchen (je nach Rasse) nicht ganz so viel Auslauf wie größere Hunde und in der Wohnung oder dem

Haus auch nicht ganz so viel Platz. Dadurch, dass sie so klein sind, können sie sich jedoch auch schneller verletzen und sind nicht ganz so robust wie ihre größeren Artgenossen.

Aber auch große Hunde können für Kinder perfekt Spielgefährten und Kumpanen sein. Sie benötigen in der Regel allerdings mehr Auslauf und haben natürlich auch viel mehr Kraft, die man nicht außer Acht lassen sollte. So können sie Kinder versehentlich auch mal umschubsen oder sie an der Leine über den Bürgersteig ziehen.

Verallgemeinert kann man sagen, dass sowohl kleine und mittlere als auch große Hunde toll für Kinder sind, man aber schauen sollte, wie belastbar man ist und wie viel Aufmerksamkeit und Auslauf man den Vierbeinern bieten kann, um ihnen gerecht zu werden. Auch die jeweilige Rasse spielt hier natürlich eine bedeutende Rolle. Einige eignen sich eher für Familien, andere weniger. Einige haben ein friedlicheres, andere ein vielleicht etwas nervöseres Gemüt, welches sich mit der Energie von Kindern eventuell nicht so gut vereinen lässt.

KANN ICH MIT SEINER ENERGIE MITHALTEN?

Die Wahl des richtigen Hundes hängt auch davon ab, wie viel und wie oft du bereit bist, mit deinem flauschigen Freund Zeit zu verbringen. Manche Hunde lieben es, aktiv zu sein. Andere wiederum sind glücklich, wenn sie im Haus bleiben und mit der ganzen Familie fernsehen können. Das kommt ganz auf die Rasse und die jeweilige Persönlichkeit des Hundes an. So gibt es zum Beispiel eher faule Golden Retriever und sehr aufgeweckte Golden Retriever. Da Hunde sehr clever sind, lieben sie es, gedanklich und spielerisch gefordert zu werden, neue Tricks zu lernen und Abenteuer zu erleben. Du solltest also bereit und in der Lage sein, mit der Energie deines Hundes Schritt zu halten.

Für jede Familie gibt es den passenden Hund. Die Kunst besteht also darin, herauszufinden, welche Rasse oder welche Mischung gut zu euch passt!

WIE PFLEGE ICH IHN RICHTIG?

Mit Hunden zu spielen ist die eine Sache. Aber sich um sie zu kümmern und sie richtig zu pflegen, ist eine andere. Dazu gehört es unter anderem sie zu füttern, mit ihnen Gassi zu gehen, ihr Fell zu kämmen, sie zu baden, hinter ihnen herzuräumen, sie zum Tierarzt zu bringen und ihre Häufchen aufzuheben. Schließlich sind sie ein Teil der Familie und verdienen daher die gleiche Liebe und Aufmerksamkeit, wie jedes andere Familienmitglied auch.

Das Herrchen oder Frauchen eines jeden Hundes sollte dafür verantwortlich sein, dass der

Hund sauber, sicher und gut versorgt ist. Ob die Pflege dabei durch einen Erwachsenen oder ein Kind geschieht, ist ganz egal. Auf jeden Fall ist die Pflege und Zuneigung zu deiner Fellnase eine tolle Möglichkeit, ihr deine Liebe zu zeigen.

Die genaue Pflege hängt, wie so vieles andere, auch hier wieder stark von der jeweiligen Rasse ab.

SOLLTE ICH MIR EINEN WELPEN ODER EINEN AUSGEWACHSENEN HUND ZULEGEN?

Es ist natürlich immer schön, einen Hund „von Anfang an" bei sich zu haben und ihn aufwachsen zu sehen. Welpen sind verkuschelt, verspielt und einfach zuckersüß. Bereits so früh eine Bindung zu seiner Fellnase aufbauen zu können, ist etwas ganz Besonderes und bringt viele Vorteile und vor allem Freude mit sich.

Die Erziehung eines Welpen erfordert jedoch auch enorm viel Zeit und Geduld. Dazu zählt es, den Welpen stubenrein zu erziehen; ihm die gängigen Kommandos wie „Sitz, Platz, bei Fuß", und so weiter beizubringen; ihn an der Leine führen zu können; ihm beizubringen, alleine zu Hause zu bleiben und währenddessen nicht das halbe Haus auseinanderzunehmen; um nur einige von ihnen zu nennen.

Natürlich ist die Erziehung eines Welpen eine Phase, die auch irgendwann vorübergeht. Sie ist jedoch eine sehr intensive Phase, bei der man sich im Klaren sein muss, ob man die entsprechende Zeit und Geduld sowie die nötigen Nerven dafür mitbringt. Welpen sind eben Babys.

Ausgewachsene Hunde hingegen haben ihr Energieniveau und ihr Verhalten bereits weitestgehend entwickelt. Entscheidet man sich für einen ausgewachsenen Hund, weiß man quasi „was man bekommt". Im besten Fall bringt der Hund dann auch schon eine gewisse Grundausbildung mit, die man selbstverständlich immer noch erweitern kann.

Natürlich haben ausgewachsene Hunde im Laufe ihres Lebens schon einige Erfahrungen gesammelt, die mitunter auch negativ behaftet sein können. Das Abgewöhnen mancher Angewohnheiten kann hier ganz schön schwierig sein. Deshalb sollte man zuvor genau schauen, welcher Hund zu einem passt. Wie er erzogen ist, was er für eine Energie hat und man sollte den Verkäufer oder Vorbesitzer nach Möglichkeit unbedingt fragen, was der Hund in seinem Leben bisher erlebt und welche Erfahrungen er gemacht hat.

Wenn man also nicht die nötige Energie oder entsprechende Zeit für die Welpenphase hat, ist ein ausgewachsener Hund eine ausgezeichnete Wahl. Außerdem gibt es überall auf der Welt genügend ausgewachsene Hunde, die auf der Suche nach einem schönen, passenden Zuhause sind und dieses mindestens genauso verdienen, wie ein kleiner Welpe.

IST ES BESSER, SICH EINEN REINRASSIGEN HUND ODER EINEN MISCHLING ANZUSCHAFFEN?

Reinrassige Hunde sind sehr beliebt, aber das bedeutet nicht, dass Mischlinge nicht auch unsere Aufmerksamkeit verdienen. Vielleicht findest du eine bestimmte Rasse besonders toll, weil sie so hübsch aussieht oder weil sie für bestimmte Verhaltensweisen bekannt ist. Und das ist vollkommen verständlich.

Du solltest aber auch bedenken, dass von allen Hunden und Welpen auf der Welt weniger als die Hälfte Haustiere sind. Das bedeutet, dass es Millionen von streunenden Hunden gibt, die nach einem guten Zuhause suchen. Das nächstgelegene Tierheim hat wahrscheinlich viele Hunde, die dringend ein Zuhause brauchen!

Hast du schon mal den Satz *„adopt don't shop"* gehört? Dies ist eine wunderbare Initiative, die ins Leben gerufen wurde, um auf den Kampf der heimatlosen Haustiere, insbesondere der Hunde, aufmerksam machen. Der englische Slogan bedeutet so viel wie „adoptiere lieber und kaufe nicht" und soll Menschen daran erinnern, Hunde lieber aus dem Tierheim oder von Hundeschutzorganisationen zu adoptieren, als kleine Welpen von unseriösen Züchtern zu kaufen.

Bevor ihr euch einen Hund zulegt, solltest du mit deiner Familie also gut überlegen, ob ihr euch einen Hund von einem guten Züchter oder einen aus dem Tierheim holen möchtet.

Grundsätzlich gilt auch hier wieder das Prinzip: Schaut, welcher Hund zu euch passt. Ihr könnt natürlich nach der Rasse und den gängigen Eigenschaften dieser Rasse gehen oder aber – und das solltet ihr in jedem Fall tun – ihr lernt ein paar potenzielle Fellnasen kennen und schaut, welche Energie mit eurer übereinstimmt. Auch bei Mischlingen lässt sich oftmals bestimmen, welche Rassen hauptsächlich in ihm stecken.

Wie auch immer ihr euch entscheidet, wir sind uns sicher, dass ihr eurem vierbeinigen Begleiter das beste Leben bieten werdet, das er verdient hat und wünschen euch schon jetzt zahlreiche schöne Momente miteinander!

WIE NENNT MAN EINEN MAGISCHEN HUND?

Einen Labra-kadabra-dor!

WIE DU EINEN HUND AUSBILDEST

Wenn man sich einen Welpen zulegt, ist das beinahe so, als würde man ein Baby adoptieren. Der Kleine muss ja erst noch alles lernen. Du musst ihm Kommandos wie „Sitz" und „Platz" beibringen und alles in allem kann die Ausbildung deines neuen Begleiters eine ganz schöne Herausforderung sein. Aber es ist auch ein tolles Gefühl, mitzuerleben, wie dein Hund jeden Tag etwas Neues dazulernt und sich nach einiger Zeit sowohl zu Hause als auch unterwegs gut benimmt. Dies gilt natürlich auch für ausgewachsene Hund, die noch ein wenig Erziehung nötig haben.

Anbei haben wir ein paar kleine Tipps zusammengefasst, die dir beim Trainieren deines Hundes helfen sollen:

KONSEQUENT BLEIBEN

Beim Hundetraining ist Konsequenz der Schlüssel zum Erfolg. Das bedeutet, dass du deinen Hund wissen lassen musst, wenn er etwas nicht tun soll, und ihn loben musst, wenn er etwas richtig macht – und das jedes Mal!

Ein häufiger Fehler von Menschen ist es, ihre Hunde für gutes Verhalten nicht zu belohnen. Wie sollen Hunde genau verstehen, was man von ihnen will, wenn sie für eine erwünschte Leistung kein Lob erhalten, sondern nur getadelt werden, wenn sie etwas falsch tun? Ein Lob kann verbal – also durch Worte – erfolgen, es kann durch ein heiß begehrtes Leckerli erteilt werden oder auch durch beides zusammen.

Halte dich also nicht zurück und überhäufe deinen vierbeinigen Freund ruhig mit viel Lob! Natürlich nur, wenn er sich gut benimmt.

BETEILIGUNG VON ALLEN

Das Hundetraining ist effektiver, wenn die ganze Familie daran beteiligt ist. Erwachsene und Kinder können gleichermaßen dazu beitragen, dass ihre Hunde sich gut benehmen – und aufhören, an den Möbel zu kauen!

Wenn sich alle an der Erziehung des neuen Familienmitglieds beteiligen, rückt die Familie enger zusammen. Das spüren auch die Hunde. Wenn sie in einer fürsorglichen Umgebung aufwachsen, leben sie glücklicher und gesünder.

WENDE IHM DEN RÜCKEN ZU

Ja, du hast richtig gehört. Dreh deinem Hund den Rücken zu – aber nur, wenn er ständig an dir hochspringt. Wenn dein Hund das immer wieder tut, wenn er dich oder andere Menschen sieht, bedeutet das, dass er Aufmerksamkeit will.

Der Trick besteht darin, sich umzudrehen und es deinem Hund zu ermöglichen, sich erst hinzusetzen. Sobald er das getan hat, solltest du deinem Hund ein Leckerli geben. Wenn nicht, drehst du ihm so lange den Rücken zu und wartest, bis er sich gesetzt hat.

Wiederhole diesen Vorgang so oft wie nötig und dein Hund wird schnell begreifen, was du von ihm willst.

BEFEHLE GEBEN

Wenn du deinem Hund neue Kommandos beibringen möchtest, ist es wichtig, gesprochene Befehle zu verwenden. Wörter wie „Sitz", „Platz", „Komm" und „Bleib" sind gängige Wörter, die du dabei benutzen kannst.

Verwende Befehle mit einem festen Ton und klaren Handbewegungen, damit dein Hund jedes Mal genau weiß, was du meinst. Wenn du zum Beispiel „braver Junge" oder „braves Mädchen" sagst, weiß dein Hund, dass du mit seinem Verhalten zufrieden bist.

Außerdem können Hunde Gefühle wahrnehmen. Sie merken, wenn du mit dem, was sie getan haben, nicht einverstanden bist. Vergiss nicht, Nachsicht und viel Geduld mit ihnen zu haben. Denn genau wie wir Menschen können auch sie sich verletzt fühlen.

LECKERLIS GEBEN UND POSITIV BLEIBEN

Du möchtest bestimmt nicht, dass dein Hund die Leckerlis in deiner Hand mehr mag als dich. Ein Geheimnis der Hundeerziehung besteht darin, den Welpen beizubringen, dass sie genauso gern bei dir sein möchten, wie bei den Leckerlis, die du in der Hand hast.

Hierfür warte am besten, bis dein Hund sich setzt, wenn er dich sieht. Auf diese Weise bringst du ihm bei, zuerst etwas zu tun, bevor er das Leckerli bekommt. In diesem Fall ist es das Sitzen oder das richtige Benehmen.

Mit diesem Trick kannst du deinem Welpen eine doppelte Freude machen: Nämlich mit dir zusammen zu sein und das Leckerli zu genießen, welches du in deiner Hand hältst.

MEIN BESTER FREUND HAT FELL UND EINEN SCHWANZ!

HUNDE WERDEN IMMER DIE BESTEN FREUNDE DER MENSCHEN SEIN

Hunde sind außergewöhnliche Geschöpfe. Wir betrachten sie als „kleine Engel der Erde", weil sie Liebe und Glück verbreiten, wo immer sie sind. Sie sind sehr loyal und lieben dich so, wie du bist. Sie sind nicht nur Haustiere, sondern Familienmitglieder. Deshalb verdienen sie alle Liebe und Fürsorge der Welt.

Man könnte meinen, Hunde wären dazu geboren, uns Menschen zu helfen. Sie sind ausgezeichnete Unterstützer für Menschen, die nicht sehen oder hören können, und warme, flauschige Begleiter für Menschen, die oft traurig sind oder gar an einer Depression leiden. Einige leisten hervorragende Polizeiarbeit, andere sind großartige Mitglieder von Such- und Rettungsteams. Hunde sind wahre Helden, weil sie jeden Tag aufs Neue dazu beitragen, das Leben der Menschen ein bisschen besser zu machen.

Vielleicht hast du bereits einen Welpen oder ausgewachsenen Hund, um den du dich kümmern darfst. Oder du überlegst noch, einen zu adoptieren. Vielleicht interessierst du dich auch einfach nur für diese wahnsinnig faszinierenden Fellnasen.

In jeden Fall hoffen wir, dass dieses Buch dir geholfen hat, mehr über Hunde und ihre Pflege zu erfahren. Schon das Lesen dieses Buches ist ein klares Zeichen dafür, dass du deinem (potenziellen) Hund ein großartiges Familienmitglied und ein guter Freund sein wirst!

Wir sind zuversichtlich, dass du deinem Kumpel oder deiner Kumpeline das beste Leben bieten wirst, das er oder sie verdient hat. Vergiss nicht, immer wieder mal in diesem Buch nachzuschlagen, um dich an die Dinge zu erinnern, die du neu gelernt hast. Vielleicht dient dir dieses Büchlein als kleiner Leitfaden, um deinen Hund bestmöglich zu umsorgen.

Wir wünschen dir jedenfalls viele schöne Erinnerungen mit deinem flauschigen Freund und sind uns sicher, dass ihr es genießen werdet, zusammen im Park spazieren zu gehen, Fangen zu spielen, miteinander zu kuscheln und jeden Tag füreinander da zu sein!

EIN HUND IST EIN HERZ AUF VIER PFOTEN!

VIELEN DANK FÜRS LESEN!

Vielen Dank, dass du dieses Buch gelesen hast und dass wir unsere Liebe zu Hunden mit dir teilen durften!

Wenn dir dieses Buch gefallen hat, lass es uns gerne wissen, indem du eine Bewertung und eine kurze Rezension hinterlässt, wo auch immer du es gekauft hast! Das hilft uns, das Buch an andere Leser weiterzuempfehlen!

Vielen Dank für deine Zeit!

Wir wünschen dir noch einen *hunderbaren* Tag!

HAB EINEN FLAUSCHIGEN TAG!

© Copyright 2022 - Alle Rechte vorbehalten von Admore Publishing

ISBN: 978-3-96772-129-4

ISBN: 978-3-96772-130-0

Der in diesem Buch enthaltene Inhalt darf ohne direkte schriftliche Genehmigung des Autors oder Herausgebers nicht reproduziert, vervielfältigt oder übertragen werden.

Unter keinen Umständen wird dem Verlag oder Autor die Schuld oder rechtliche Verantwortung für Schäden, Wiedergutmachung oder finanziellen Verlust aufgrund der in diesem Buch enthaltenen Informationen direkt oder indirekt übertragen.

Rechtliche Hinweise:

Dieses Buch ist urheberrechtlich geschützt und nur für den persönlichen Gebrauch bestimmt. Ohne die Zustimmung des Autors oder Herausgebers können Sie keinen Teil oder Inhalt dieses Buches ändern, verbreiten, verkaufen, verwenden, zitieren oder umschreiben.

Haftungsausschluss:

Bitte beachten Sie, dass die in diesem Dokument enthaltenen Informationen nur zu Bildungs- und Unterhaltungszwecken dienen. Es wurden alle Anstrengungen unternommen, um genaue, aktuelle, zuverlässige und vollständige Informationen zu liefern. Es werden keine Garantien jeglicher Art erklärt oder impliziert.

Die Leser erkennen an, dass der Autor keine rechtlichen, finanziellen, medizinischen oder professionellen Ratschläge erteilt. Der Inhalt dieses Buches stammt aus verschiedenen Quellen. Wenden Sie sich an einen lizenzierten Fachmann, bevor Sie die in diesem Buch beschriebenen Techniken anwenden.

Durch das Lesen dieses Dokuments stimmt der Leser zu, dass der Autor unter keinen Umständen für direkte oder indirekte Verluste verantwortlich ist, die durch die Verwendung der in diesem Dokument enthaltenen Informationen entstehen, einschließlich, aber nicht beschränkt auf Fehler, Auslassungen oder Ungenauigkeiten.

Veröffentlicht von Admore Publishing:

Gotenstraße, Berlin, Germany

www.admorepublishing.com

QUELLEN

- https://www.akc.org/expert-advice/lifestyle/dog-facts/
- https://www.britannica.com/animal/dog
- https://www.goodhousekeeping.com/life/pets/g5138/best-family-dogs/
- https://www.homeopet.com/why-mutts-are-awesome
- https://www.thesprucepets.com/how-to-choose-the-right-dog-1117320
- https://www.newscientist.com/article/2264329-humans-may-have-domesticated-dogs-by-accident-by-sharing-excess-meat/

- https://www.akc.org/expert-advice/nutrition/human-foods-dogs-can-and-cant-eat/
- https://www.barkingmad.uk.com/blog/uncategorised/the-key-stages-of-a-dogs-life-cycle/
- https://www.akc.org/expert-advice/training/how-to-teach-your-kids-to-train-the-dog/
- https://parenting.firstcry.com/articles/dog-information-for-kids-50-facts-your-child-must-know/
- https://www.embracepetinsurance.com/waterbowl/article/dog-training-vocabulary

www.ingramcontent.com/pod-product-compliance
Lightning Source LLC
LaVergne TN
LVHW020139080526
838202LV00048B/3974

www.ingramcontent.com/pod-product-compliance
Lightning Source LLC
LaVergne TN
LVHW020139080526
838202LV00048B/3974